南少林武术精选

食鹤拳

SHI HE QUAN

释空性 主编

人民体育出版社

图书在版编目（CIP）数据

食鹤拳 / 释空性主编 . — 北京：人民体育出版社，
2024（2025.7 重印）
　ISBN 978-7-5009-6433-9

　Ⅰ.①食… Ⅱ.①释… Ⅲ.①少林拳-基本知识
Ⅳ.① G852.15

中国国家版本馆 CIP 数据核字 (2024) 第 041024 号

食鹤拳

释空性 主编
出版发行：人民体育出版社
印　　装：北京中科印刷有限公司

开　本：710×1000　16开本　　印　张：10　　字　数：131千字
版　次：2024年6月第1版　　印　次：2025年7月第2次印刷
书　号：ISBN 978-7-5009-6433-9
印　数：4,001—5,500 册
定　价：51.00元

版权所有·侵权必究
购买本社图书，如遇有缺损页可与发行与市场营销部联系
联系电话：（010）67151482
社　　址：北京市东城区体育馆路8号（100061）
网　　址：https://books.sports.cn/

编委会

顾问：张耀庭、张山、吴彬、胡金焕、甘式光、代林彬

主编：释空性

执行主编：朱家新、陈志荣

编委：洪光荣、释门正、释贤锋、朱家新、潘立腾、黄晶忠、林春杰、陈志荣、庄良海、庄伟雕、陈智鹏、庄伟毅、郑益强、陈进展、庄盛华、吴启鹏、林卓凡、周志诚、阮长缨、祖佑、祖诚

动作示范：祖诚、祖瑞、祖照、祖智、祖龙、祖程、祖山、祖康、祖阳

封面题字：张耀庭

摄影摄像：郭德锋

序一

少林武术是中华民族宝贵的非物质文化遗产，它的产生和发展是佛教中国化的产物，也是世界宗教史上的奇观。

佛教自公元67年传入中国以来，与中华传统文化相互融摄，择善而从，在汉地形成了具有中国特色的八大佛教宗派，其中尤以禅宗最为普及，其亦成为孕育少林武术的沃土。生于华夏大地、长于禅宗门庭的少林功夫在与中国传统文化交汇融合、交相辉映的过程中，已逐渐成为中华文化中个性鲜明、独具特色的重要组成部分。

莆田南少林寺作为昔日的武林圣地，曾因"南拳北腿"与河南嵩山少林寺遥相呼应，世称"南北少林"。曾有诗云："龙盘虎踞九莲山，习武修禅铲恶顽。义胆侠肝医庶疾，茗茶待客暖人间。"历史上的少林武僧们曾是除暴安良、匡扶正义的豪侠义士；亦是救死扶伤、悬壶济世的仁心医者；更是抗倭卫国、安邦济世的爱国僧兵。尽管时代交错更替，少林禅者始终一以贯之地用实际行动展现着大乘佛法的慈悲济世精神和以武载道的东方智慧。

清康熙年间，南少林寺虽毁于战火，但独具特色的南拳技法和禅拳一如的禅武文化并未断绝，而是被散落于山林、市井的僧人带到了闽、粤、浙、赣等地，并与当地的山川地貌、人文风俗相结合，形成了南拳拳系博采众长、兼容并包的格局。

三百年后的今天，作为南拳祖庭、南派武术的发源地，南少林寺自当责无旁贷地为光大南派武术、振奋民族精神，保护、弘扬和发展中华民族优秀传统文化作出积极贡献。在这一愿景和使命的鼓舞下，南少林寺自2006年恢复为宗教活动场所以来，便将弘扬禅武文化、恢复禅武传统、建设武术队伍作为寺院的核心工作之一。一方面，组建禅武团、武术促进会等武术界交流平台，促进各方联谊；另一方面，通过举办禅修营、武术文化节、武术公演等活动，主动向海内外各界人士展示少林南拳的武韵禅风。经过十余年的努力，南少林禅武文化的知名度逐渐打响，并成为莆田别具一格的"城市名片"，以及与世界文化交流的重要平台及桥梁纽带。

在南少林武术被越来越多的人了解和认可的同时，南拳传承和发展的危机亦不容忽视，相比于现代竞技体育、外来格斗术而言，南派拳种的习武之人本就寥若晨星，加之随着老一辈南拳传人的相继离世，如何保住传统南派武术的"形"与"神"，并找到根植和传播南拳的土壤，这些问题既让每个关心南拳武术的人担心忧虑，也成为萦绕在每个南少林人心头的思量忖度，更是促成了这套丛书编纂的直接因缘。

为深度挖掘、传承与弘扬南拳武术，同时也为保护莆田本土拳种，展现莆田"武术之乡"的精神风貌，南少林寺此次牵头组建课题组，希望通过挖掘和整理莆田地区的传统南拳，以编纂系统的南拳拳谱和器械名录。为此，课题组历时两年，展开了全面搜集整理相关资料的工作，不仅遍访民间南派拳师、查阅古书典籍，还用影像、文字记录了散落在各地的拳种、器械，并以数据库的形式对记录成果加以保存。另外，将对已整理出的拳种申报非物质文化遗产，以补缺项。其中韦陀拳、食鹤拳以流传范围广、传承谱系明晰等特点率先被系统、详细地进行梳理并编辑成书。

在此我谨代表南少林寺向课题组每一位专家学者、武术传人、参与收集撰写的工作人员，以及所有关心南少林寺的前辈和同仁们表示由衷的感恩和挚诚的赞叹！

释空性

序 二

　　自20世纪80年代席卷全国的武术热,南少林遗址挖掘引起有关部门的重视,福建莆田、泉州、福清相继组织了科考队,开展发掘南少林寺活动,一时间把南少林武术文化推向高潮。历史上的南少林寺扑朔迷离,相关史料匮乏,难以精确考证。各地政府的努力也为弘扬南少林文化打开了一扇大门,无论历史真实如何,但具有广泛群众基础的南少林传统武术却是真实存在,已成为我国东南沿海和东南亚一带的文化现象。因此,发掘和弘扬南少林武术文化对提升中华民族的正气、提高中华文化认同具有重要意义。

　　武术门派是传统武术及相关文化的重要载体,也是记录传统武术历史的载体。打开"南少林武术精选",当我拜读了食鹤拳的前言部分,似乎在翻阅莆田南少林近代的武术史,深切地感受到了莆田先辈们顽强的遗风,领略到了他们追求强身健体、保家卫国的朴素愿望。当我翻阅到"马势"时,能感受到"硬桥硬马"南派功夫的威猛,感受到务实的莆田文化特质;当我翻阅到"双铜"套路时,似乎能看到先辈们勤练不缀的身影,感受到先辈们为了生存和社会恶势力搏杀的场景;当我翻阅到"精选徒手套路"部分时,又似乎能窥视到地方传统武术的博大精深,感受到"一方水土养一方人"的丰富人文内涵。

　　保护好传统文化既是保存地方文脉,又是捍卫国家文化安全的有效手段,莆田南少林文化是莆田人的骄傲,更是福建人民、全国人民的骄傲,保护好南少林传统武术文化是我们武术工作者的责任和神圣使命。现在有些地方在挖掘和保护传统武术工作中出现了一些问题,根源就在于只顾眼前的一些经济利益和地方保护主义，没有经过严谨的科学论证，牵强附会，随意篡改历史，出版了一些粗制滥造的出版物，搬来现代体育元素，毁掉传统拳术招式的特色，使得传统拳术逐渐失去了个性。在传统拳术的挖掘时，应注意保留传统武术的特质，保护好传统拳术有利于保存地方传统风貌和个性。

这次由莆田南少林寺牵头、组织高校和传武文化学者编写的"南少林武术精选"，参照1982年原国家体委提出"源流有序、拳理明晰、风格独特、自成体系"拳种认定的基本标准，论证科学合理、体例规范、文字精炼，原汁原味地保留莆田地方拳术特点，图片处理专业，具有很高的传承价值和收藏价值。

"南少林武术精选"介绍了南派许多濒临失传的拳术门派，让现代人了解传统拳术的魅力，相信读者会从中受益的。

是为序！

原国家武协主席　张耀庭
2022年3月2日于北京

序 三

欣闻由莆田南少林寺审定的"南少林武术精选"即将出版，余甚为欢喜赞叹！对武术图书而言，是一件盛事；对南少林寺来说，在其发展史上亦是一件大事。

20世纪80年代，随着电影《少林寺》的播映，中华大地掀起了习武热潮。无论年老还是年少，都为武而动，促进了武术的蓬勃发展。但随着时代变迁，武术昔日风光不再。习武之人越来越少，许多武术种类面临着失传的局面，许多传统武术的老拳师年事已高，却未有合适的传承人，这不得不令人担忧。南少林寺作为武术界的"执牛耳者"也未能幸免。近年来，南少林寺为加强对南少林武术文化遗产的保护不遗余力，对南拳拳种的传承、挖掘、收集、整理进行了一系列工作。"南少林武术精选"的出版正是南少林寺保护、传承南拳的辛勤结晶。

本书根据1982年原国家体委提出的"源流有序、拳理明晰、风格独特、自成体系"认定拳种的基本标准，对少林南拳进行挖掘和整理，终于编纂成册。

本书内容丰富、详实，武术理论完整、系统。同时，文字表达上力求通俗易懂，但不失韵味，精选插图，希望通过图文并茂的形式，给读者带来的不仅是视觉享受，获得南少林武术的一些具体知识，而且能深入文化深层，感受南少林武术的蓬勃生命力！

2020年1月8日，武术被列入第4届青年奥林匹克运动会正式比赛项目。这昭示了武术在国际上的影响力非同一般，也警醒吾辈应为武术作出更大贡献。余寄望更多青年人加入习武行列，传承南拳。少年强，则国强。

巨著付梓刊印在即，嘱余作序，余心深感惶恐，却又盛情难却，老骥伏枥，志在千里。聊以数语，赘以为序，敬请方家，不吝指正。

中国武术九段

国家级段位考评员

福建师范大学教授　胡金焕

2022年春节于福州

前言

少林武术，上流声议，遐迩所闻；溯其历史源远流长，穷其内容体系完整、博大精深。

早在唐朝贞观年间，为平定闽中一带的土匪、海盗，唐太宗李世民降旨，派时任少林寺方丈的昙宗和尚遣原十三棍僧之中的道广、僧满、僧丰3人，带领500僧兵赴闽进行剿匪灭盗。匪患平定后，当地百姓有感于500武僧的慈威，盛情挽留其驻守莆田以防不测，于是在唐皇的授意下，道广法师根据昙宗方丈的偈语，寻找到一座酷似河南嵩山少林寺的地方——"林泉院"，定居于此护国弘教。

因昙宗方丈的偈语中称"南北少林同一寺，大乘禅在心中留"，所以这座弘扬禅武双修的南方少林寺，又被世人称作"南少林寺"。此后，南少林寺成为东南沿海武术活动的重要中心，以及南派武术的发源地，常住僧兵500余人，并以"南拳"见长，与嵩山少林寺之"北腿"南北应和、交相辉映，共同谱写着南北少林忠义神勇、除暴安良的侠风义骨和济民渡众、心存天下的爱国情怀。

清朝初年，南少林寺毁于战火，僧人漂泊世间，并将其所习南拳授与民间传人，逐渐形成60余种南少林系列拳种，此后，南拳武术及禅拳同归的文化便在闽、粤、浙等地薪火相传。

至20世纪80年代，隐匿了三百余年的南少林寺在一次全国文物普查中被考古学发现，经众多专家学者考证确认后，在党和政府的支持下，南少林寺得以重建，并于2006年正式恢复成为宗教活动场所。

新时代、新征程。南少林寺重新开放以后，便立即投入到挖掘与保护禅武文化，传承与发展南派武术的工作中。通过组建武术队伍、举办武术文化节、禅武夏令营、禅文化体验营等，主动走出去、请进来，以武会友、相互切磋，促进了武术各门派间的交流和发展，培养了一批批优秀的南拳武术人才，并让南拳文化逐渐成为与世界文化交流的重要平台与桥梁纽带。

2017年，为更好地传承与弘扬南拳武术文化，南少林寺发起、成立了福建省南少林武术促进会（以下简称促进会），旨在完善南拳交流平台，为海内外武术界人士搭建一个交流互鉴的平台，对散落在民间的南拳文化进行抢救挖掘及整理。促进会成立以来栉风沐雨、不遗余力，发心探寻散落在民间的南少林派系拳师、拳种，经数年不懈努力，终不负众望，各路南拳传人、武林精英相继认祖归宗，将拳术回传南少林寺，南拳祖庭已初步重现辉煌。

同时，为整体性抢救和保护南拳武术的原生态存在和传承，避免在自然传承过程中产生的技艺性信息递减等现象，促进会特别邀请相关武术传承人、专家学者等组建课题组，有条不紊地推进"南少林传统武术"研究工作。课题组以挖掘和整理莆田传统南拳为起点，聚焦完整的南拳武术门派，对确系南少林武术进行抢救性挖掘和整理，将传承明确、体系完整的拳种编纂成册正式出版。一方面为南拳武术爱好者提供一套技法完备、图文并茂的拳谱；另一方面作为莆田本土拳种的记录，为莆田武术界略尽绵薄之力。

生于华夏大地、长于禅宗祖庭的少林武术汲取儒、释、道三家之精粹，与禅、医、茶融汇发展，并与中国传统的社会伦理、军事思想、文学艺术等相辅相成、交相辉映，成为了辉煌灿烂的中华文化中的一部分。在中华民族伟大复兴的关键历史时期，传播南少林武术文化、发扬南少林武术精神对于增强中华民族文化自觉和文化自信、建设社会主义文化强国具有不可忽视的重要意义。南少林寺将始终以继承与发展南少林禅武文化为初心和使命，立足中国，放眼全球。愿与社会各界同仁共同踔厉奋发、笃行不息，为传承南少林武术、传播中华文化贡献力量！

目录

一、源流	**001**
二、拳法特点	**007**
（一）技术特点	009
（二）拳理拳法	009
（三）养生之道	010
（四）拳医结合	010
三、练功方法	**011**
（一）基本动作训练	013
（二）磨技训练	013
四、拳术要论	**015**
（一）拳术初论	017
（二）根乩练法	017

五、精选徒手套路　　**027**

（一）朝琢　　029

（二）藤技　　046

（三）食鹤一　　061

（四）食鹤二　　070

（五）四门拳　　082

（六）罗汉　　092

六、精选器械类　　**109**

（一）双锏　　111

（二）扁担　　126

（三）棍法　　131

后记　　**142**

二 源流

一 源流

莆田位于福建沿海中部，史称"兴化府"，自唐开科举以来，进士、状元辈出，故有"文献名邦、海滨邹鲁"之美誉。兴化子民既崇文又尚武，曾在北宋年间以一方文武双魁轰动京城，令宋神宗不禁赋诗道："一方文武魁天下，四海英雄入彀中。"一语道出莆田深厚的文化底蕴和隆盛的习武之风。

莆田南少林寺始建于唐初，其以独特的少林功夫和禅武僧兵成为南派武术的发祥地和一支独具地域文化特色的文化流派。清朝初期，南少林寺毁于战火，僧人隐入民间并将其所习南拳武术传授给俗家弟子，这些蕴含禅机的拳术和莆田本土武术经过碰撞交汇，在民间形成了多个形异神同的南少林武术流派。

经南少林寺组建的"福建省南少林武术促进会"多年挖掘和整理，数个隐身民间、濒于湮灭的拳派得以重振旗鼓、再现威光。其中，食鹤拳因其以柔克刚，以静制动，以巧胜拙之优势得历代拳师推崇、习练。

相传，一百多年前仙游县度尾镇洋坂村吴金兰（生卒时间不详）10岁时跟随出家当和尚的叔叔来到莆田一座寺庙（具体寺名不详），其叔叔是一名武僧，吴金兰在叔叔的教习下勤学苦练武术，打下扎实的武术基础。吴金兰15岁时，其叔叔见侄子吴金兰对武术十分痴迷又聪明伶俐，而自己武技有限，不能继续提高侄子的功夫水平，所以对吴金兰说："若你有缘分遇到一指禅师，能有幸拜他为师，你的武功将登峰造极，会成为一代宗师。"

一指禅师为少林寺游方和尚，武功十分了得，闻名十方丛林。不日，一指禅师刚好路过莆田这一寺庙，其叔叔向禅师举荐吴金兰，请禅师教吴金兰武功。

禅师说要先考察一下他，遂叫来吴金兰，让他扎好马步，禅师一脚踢过去，吴金兰被踢得踉跄了几步又站稳了马步。禅师觉得吴金兰基础挺扎实的，观察其人也憨厚实在，答应正式收吴金兰为关门弟子，传授食鹤拳予吴金兰。经过几年的潜心学习，吴金兰尽得禅师的武学精髓，终于成为一代食鹤拳宗师。吴金兰出师后，长期被官宦人家聘为保镖，也有在官府中当教练或于军营中当武术教官，有段时期被请到福州连江一带教拳，所以食鹤拳在福州和连江一带广为流传，福州史志亦有吴金兰人物记载。

根据健在的拳师回忆，食鹤拳近年来在福建仙游地区的代表性人物师承情况如下表：

食鹤拳代表性人物传承谱系

代别	姓名	性别	出生年月	传承方式	学艺时间
第一代	一指禅师	男	不详	不详	不详
第二代	吴金兰	男	不详	师承	1905 年
第三代	吴章林	男	1922 年 2 月	师承	1935 年
第三代	余文宗	男	1918 年 5 月	师承	1932 年
第四代	余玉林	男	1924 年 1 月	师承	1938 年
第四代	庄良海	男	1950 年 1 月	师承	1972 年
第四代	吴庆党	男	1950 年 6 月	师承	1972 年
第五代	余启平	男	1963 年 3 月	师承	1975 年
第五代	庆椿	男	1965 年 6 月	师承	1975 年
第五代	元榜	男	1965 年 7 月	师承	1975 年

续表

代别	姓名	性别	出生年月	传承方式	学艺时间
第五代	士区	男	1966年3月	师承	1983年
	新通	男	1967年4月	师承	1983年
	梅祥	男	1968年8月	师承	1985年
	新雄	男	1970年11月	师承	1986年
	文干	男	1969年10月	师承	1990年
	良新	男	1972年12月	师承	1992年

注：根据拳师口述整理。

吴金兰年长后就告老还乡，颐养天年，在家乡择徒而教，故度尾镇及其周边四邻八乡多有习练食鹤拳者，如比较有名的仙游县度尾镇余文宗师傅（生卒年不详）；吴章林师傅（吴金兰儿子，1922—1989年）。

余文宗传余玉林（1924年1月至今），余玉林传余启平（余玉林儿子，1963年3月至今）。

吴章林传庄良海（1950年10月至今），庄良海传庆椿、元榜、仁区、新通、梅祥、文干、良新。

二 拳法特点

(一)技击特点

吴金兰所习拳术为鹤拳宗派中飞、鸣、宿、食的食鹤拳,该拳派注重以柔克刚,四两拨千斤,以静制动,后发制人,刚柔相济,柔化刚发,以巧胜拙。莆田谚语"一胆、二力、三拳头"为克敌制胜之法宝,所以食鹤拳应敌时要定神聚气,气守丹田心应静,攻时肝动莫言情。武术交手,"唯快不破",食鹤拳讲究动作发起如雷霆,进取如闪电。手快肩滑眼又明,腰活似龙马转灵。一旦搭手,弧形化力,牵带引拉,见力借力,以声助力,出手不空回,连环出击。贴身短打时,马实身动,腰动如轮,步法善用"三点五梅花",通过灵活的脚步移动,用脚扣住对方脚后跟,或别住对方脚外侧,或用膝盖撞击对方腘窝等破坏对方平衡,上肢实施攻击。所谓"鹤之神在丁静,鹤之精在丁脚"。

(二)拳理拳法

食鹤拳法讲究阴阳变化、五行相生相克规律。以柔克刚,先刚后柔;变柔为刚,谓之真刚。身法有吞吐浮沉,呼吸配合身法动作,吞吸气,吐呼气;浮吸气,沉呼气。呼吸发声,声助拳势。手法上讲究金、木、水、火、土五行生克变化。相生——金生水、水生木、木生火、火生土、土生金;相克——金克木、木克土、土克水、水克火、火克金。化力上可归结为横力破直力、直力破横力,利用听力,洞察先机,转身变势,攻其弱点,达到四两拨千斤克敌制胜的目的。

（三）养生之道

食鹤拳拳论强调天地大宇宙，人身小宇宙，头为天，脚为地，丹田为人。练拳时要天、地、人合一，遵守自然之道，内外兼修。练时总要静神定气，丹田纳气，发起至两手指，内心五脏潮气，手发上其气升，其声伏，收手覆下，其气降，其声悉，其力沉，伏是心火，悉是肾水，阳属火，阴属水，合为水火阴阳。总要静神定气，提肛练根，才能以柔克刚，神气变化，方是真得拳术，后可发步。拳谚曰："天地人定位，阴阳会合，五行生，万物备妙法全。"操练精，秘诀得，庶不负祖师之秘意。发力可通血，潮气可却病，血通气潮，岂不是卫生之道。呼吸配合动作可以增加肺活量，提肛可以增加胃肠的蠕动，意守丹田可以促进大脑的血液循环，所以练习食鹤拳又是一种很好的养生运动，纵观古今之食鹤拳师，多有长寿者。

（四）拳医结合

练武者在训练或与人交手时，不可避免会造成肌肉筋骨或五脏六腑的损伤，所以中国传统武术许多门派都积累了丰富的接骨疗伤的药方和疗法。在食鹤拳的第四代传人庄良海拳师家的药房里，我们见到许多他制好的药水、药丸和药片，还有药柜上各抽屉里也装着的各种各样的中草药。据庄良海师傅说，他师傅不仅教他气血十二时流注穴位辨析、治疗跌打损伤的药方和疗法，还教他一些治疗疑难杂症的偏方，如被蛇咬伤、牙肿牙痛、失禁、昏厥等急救药方，非常灵验。庄良海师傅用学到的这些医术，悬壶济世，为周边民众治病救人，传为佳话。

三 练功方法

（一）基本动作训练

重视基本功训练，手抄本《食鹤拳论》曰："拳法虽异，总不外七身十三马，身中气力总练吞吐浮沉，刚柔之法，须知大略。"其中所谓的"马"即是13种步法、7种身法。学拳先从这些基本动作开始，即使熟练以后还要坚持练习，终身不辍。

（二）磨技训练

这是训练技手听力的重要练习方法，练习时忌使用蛮力、僵力，越是轻柔的力越能提高手臂触觉的听力灵敏度。

1.定步单技手

甲乙双方双弓步站立，右手右脚在前，捧起左右手，右手掌在前，左手掌在前手肘部处，掌心均向上，右手腕相搭，甲方右手翻掌掌心向前进攻推去，乙方右手防守向后、向右弧形化力；随后互换角色，乙方进攻，甲方防守。一来一回好像推磨一样，两手腕不能脱开，故称磨技。熟练后一方可向上下左右各方向进攻，另一方按五行相生相克规律化力，所以也称五行技。通过磨技，练出劲力、听力、化力和控制力。

2.活步双技手

这是在定步单技手基础上进一步向实战运用的训练手段，在古代没有护具的情况下，这种训练无疑对提高技击水平有很大的帮助。

（1）活步双技手练习时，甲方右手前推乙方胸部，乙方向右后划弧柔化，若甲方感觉乙方向右用力过大时，即刻左手从右手臂下穿出，同时右手翻掌回收，甲方左腕把乙方手臂拨向左方，露出乙方身体，甲方右掌迅速向乙方胸部推去，乙方立即用左手向右将甲方右手拨开。

（2）甲方右手虚推乙方胸部，乙方即刻用右手向右后柔化，甲方突然收回，让乙方露出身体，随后再迅速向乙方胸部推去，乙方立刻用左手向右拨开甲方右手。所以，在活步双技手练习时，可以断开搭手，断开粘力，可以换手，可以封手封脚，可以移步换身。这种接近实战的训练，只能在师徒、师兄弟之间进行，才能在不伤害对方的情况下，点到为止。

（3）打沙袋——在室内悬吊四个重量由轻到重的不同沙袋，悬吊高度不一，按轻的高、重的低悬吊在四个方向，人站中间，然后用指、掌、拳、脚、膝、肘、肩向不同方向击打沙袋，训练击打的力量、速度、准确度、硬度和距离感。

（4）铁砂掌——准备一个三四十厘米的方形袋子，里面装细小铁砂，置于桌子上，先用特制的药水擦拭手掌，然后全身放松，凝神聚气，由轻到重用掌心、掌背拍打铁砂袋。打完后，再用药水涂抹手掌。这样坚持练习，会使手掌皮肉变厚、掌骨变硬，以致可以开砖劈石。但因铁砂掌练习须终身不辍，训练又十分艰苦，加之练成之后，若到冬天，气候干燥，手掌会皮开肉绽，十分痛苦，所以20世纪六七十年代后就没人再练了。

四 拳术要论

(一）拳术初论

先师秘传拳术，真理操练，人身如天地人一般，头圆为天，脚方为地，会合于丹田为人，故曰：天地人会，上中下合，混沌开，阴阳到，五行生，四季发。未得其传，不明其理。初学拳法，先练壮马为首要，头上部轻清为天，脚下重浊为地，故天气下降，地气上升，会合丹田之间。初先将平八马企定，静身纳气，双手覆合丹田下阴囊之间，发起双掌向上飞为阳，收下双掌覆下为阴，飞上其气浮，收下其气沉，故借名，天地升降乩（jī），阴阳发生，四季定准，万物发生，皆从地起，故地根要紧。

（二）根乩练法

先将脚掌心悬空，外镰放、内镰收，两根纽入膀胱、两甲坠落，丹田纳气，发起至两手指之出，内心五脏潮气，手发上其气升，其声伏，收手覆下，其气降，其声悉，其力沉，伏是心火，悉是肾水，阳属火，阴属水，合为水火阴阳。总要静神定气、提肛练根，才能以柔克刚神气变化，方是真得拳术，后可发步。"天地人定位，阴阳会合，五行生，万物备妙法全"。操练精，秘诀得，庶不负祖师之秘意。

祖师训曰："灵机参透拳术法，半点无师作不成。"

先人书籍立法，研究真理，祖师论武教人，推练精通。拳法万种，惟真者奇，拳有刚柔之分，内有相参。惟罗汉、太祖之名，有鱼龙、禽兽、鸡犬之别，如金狮虎象之刚，猴鹤鸡犬之柔，刚柔之中皆有细则，拳法虽异，总不外七身十三马，身中气力总练吞吐浮沉，刚柔之法，须知大略。练法须归一门，祖师传授，鹤有四种飞、鸣、宿、食，技手之中，有三刚五行之内，有内外寸节，身中之气，有出呐嘘嘲，马势之中，有虚实进退。肚力有三种，挂肚、扎肚、向肚，发力可通血，潮气可以却病，血通气潮，岂不是卫生之道。

鹤法内有细则十条，可以推究真理：一论鹤法；二论马势；三论身势；四论肚力；五论气力；六论技法；七论五行生克；八论技身吞吐浮沉；九论身法变化；十论对敌动静内附风雨力。

第一则论鹤法

鹤有四种飞、鸣、宿、食，各得一门，论食法，定神聚气，发起如雷霆，进取如闪电。先学拳母为妥，其名曰朝琢、曰藤技、曰五行技，后有化身穿身、八角坐莲。

第二则论马势

所练者，惟1.平八字马、2.丁八字马、3.左右虎头马、4.犁头马、5.左右弹字莲花马、6.穿山龙马、7.左右雀跳马、8.骆腿马、9.进身采取马、10.落踩马、11.勾腿马、12.坐莲马、13.飞马。其最灵者穿山龙马，最便者左右雀跳马，马身转如车轮一般，进可取，守可退，切宜慎之。

1. 平八字马

（图4-1）

▲ 图4-1

2. 丁八字马

（图 4-2）

▲ 图 4-2

3. 左右虎头马

（图 4-3、图 4-4）

▲ 图 4-3 　　　　▲ 图 4-4

4. 犁头马

（图 4-5）

▲ 图 4-5

5. 左右弹字莲花马

（图 4-6、图 4-7）

▲ 图 4-6 　　　　▲ 图 4-7

6. 穿山龙马

（图 4-8）

▲ 图 4-8

7. 左右雀跳马

（图 4-9、图 4-10）

▲ 图 4-9 　　　　▲ 图 4-10

8. 骆腿马

（图 4-11）

▲ 图 4-11

9. 进身采取马

（图 4-12）

▲ 图 4-12

10. 落踩马

（图 4-13）

▲ 图 4-13

11. 勾腿马

（图 4-14）

▲ 图 4-14

12. 坐莲马

（图 4-15）

▲ 图 4-15

13. 飞马

（图 4-16）

▲ 图 4-16

第三则论身势

有七种：正身、吞身、摇身、醉身、闪身、矮身、后身。另兼有撞、返、坠、过、穿等身，变化多端，难以尽述。身势总不外吞吐浮沉，惟鹤法先练正身，定气、精神静守，方能变化，身势承接采取，不可贪前。

1. 正身

双脚分开，内距与肩同宽，双脚掌平行向前，大腿与小腿夹角约135°，敛臀，含胸拔背，下颌略内收，双手前伸，掌心向上，松肩垂肘，目视前方。（图4-17）

▲ 图4-17

2. 吞身

右弓步站立，双手提起交叉，右上左下，随后重心略后坐，成双弓步，双手向后、向下柔化；随后双手左右分开向两侧勾挂，掌心向内。（图4-18、图4-19）

▲ 图4-18 　　▲ 图4-19

3. 摇身

左摇身：身体左转，左手翻掌心向下，屈臂向左、向下勾挂，掌心向内；同时，右掌向左横切，掌心朝上。（图4-20）

右摇身：身体右转，右手翻掌心向下，屈臂向右、向下勾挂，掌心向内；同时，左掌向右横切，掌心朝上。（图4-21）

▲ 图4-20　　　　▲ 图4-21

4. 醉身

左醉身：双腿双弓步站立，身体向左倾斜，双腿不动，双手掌心向内，向左打出，力达掌背，眼视左前方。（图4-22）

右醉身：双腿双弓步站立，身体向右倾斜，双腿不动，双手掌心向内，向右打出，力达掌背，眼视右前方。（图4-23）

▲ 图4-22　　　　▲ 图4-23

5. 闪身

左闪身：双腿双弓步站立，左脚向左迈一小步，右脚跟着向左移动一小步，重心后移，成左虚步，重心下沉，双手略屈臂置于面部前方，掌心向前，双手指呈半握抓之势。（图4-24）

右闪身：双腿双弓步站立，右脚向右迈一小步，左脚跟着向右移动一小步，重心后移，成右虚步，重心下沉，双手略屈臂置于面部前方，掌心向前，双手指呈半握抓之势。（图4-25）

▲ 图4-24    ▲ 图4-25

6. 矮身

左脚向右脚后插步，随后下蹲；同时，右手屈臂置于体前，掌心向下成插掌之势，左掌护于右掌下，掌心向下，眼平视右方。（图4-26）

▲ 图4-26

7. 后身

身体向后仰身，头部仍正直，眼平视前方；同时，双手向后上方撑起，掌心向斜上方。（图4-27）

▲ 图4-27

五 精选徒手套路

（一）朝琢

1. 将军抱印

立正站立，双手自然下垂，左脚分开与肩同宽，右脚上半步下蹲成右虚步，左手成掌、右手抱拳向体前推出。（图5-1~图5-3、图5-3附图）

▲ 图5-1

▲ 图5-2

▲ 图5-3

▲ 图5-3附图

2. 金刀切木

右脚向右后迈半步成马步，双手外旋，双掌心向上，双手内旋下切至双膝前。（图5-4、图5-5）

▲ 图5-4　　　▲ 图5-5

3. 出手生金

右脚向右前上步成双弓步，双手外旋甩手发力成掌心向上。（图5-6）

▲ 图5-6

4. 扎技

重心略下沉；同时，双手坐腕。（图5-7）

▲ 图5-7

5. 插

身体重心略起；同时，双手前插。（图5-8）

▲ 图5-8

6. 吞

双手掌心向内在体前交叉再外扩，力达手腕。（图5-9）

▲ 图5-9

7. 吐

双手略收回，手腕内绕环向前甩出弹击，力达手指。（图5-10）

▲ 图5-10

8. 浮

双手向下交叉,再向上外格。(图5-11)

▲ 图5-11

9. 沉

重心略下沉;同时,双手翻掌下沉,力达掌根。(图5-12)

▲ 图5-12

10. 木

双手翻掌在体前交叉,再外扩,掌心向内,力达手腕。(图5-13)

▲ 图5-13

11. 土

双手体前交叉，再向下、向外格开。（图 5-14、图 5-15）

▲ 图 5-14   ▲ 图 5-15

12. 化手出技

右脚弧型上半步，左脚跟半步；同时，双手前推。（图 5-16）

▲ 图 5-16

13. 插

右脚弧型上半步，左脚跟半步，双手前插。（图 5-17）

▲ 图 5-17

14. 吞

　　双手掌心向内，在体前交叉再外扩，力达手腕。（图 5-18）

▲ 图 5-18

15. 吐

　　双手略收回，手腕内绕环向前甩出弹击，力达手指。（图 5-19）

▲ 图 5-19

16. 浮

　　双手向下交叉，再向上外格。（图 5-20）

▲ 图 5-20

17. 沉

重心略下沉；同时，双手翻掌下沉，力达掌根。（图 5-21）

▲ 图 5-21

18. 木

双手翻掌在体前交叉，再外扩，掌心向内，力达手腕。（图 5-22）

▲ 图 5-22

19. 土

双手体前交叉，再向下、向外格开。（图 5-23、图 5-24）

▲ 图 5-23　　▲ 图 5-24

20. 化手出技

右脚弧型上半步,左脚跟半步;同时,双手前推。(图5-25)

▲ 图5-25

21. 插

右脚弧型上半步,左脚跟半步,双手前插。(图5-26)

▲ 图5-26

22. 吞

双手掌心向内,在体前交叉,再外扩,力达手腕。(图5-27)

▲ 图5-27

23. 吐

双手略收回，手腕内绕环向前甩出弹击，力达手指。（图 5-28）

▲ 图 5-28

24. 浮

双手向下交叉，再向上外格。（图 5-29）

▲ 图 5-29

25. 沉

重心略下沉；同时，双手翻掌下沉，力达掌根。（图 5-30）

▲ 图 5-30

26. 土

双手体前交叉再向下、向外格开。（图5-31、图5-32）

▲ 图5-31　　▲ 图5-32

27. 化手出技

右脚弧型上半步，左脚跟半步；同时，双手前推。（图5-33）

▲ 图5-33

28. 左飞手

身体左转90°成左弓步；同时，双掌随身体转动向左砍击，左掌心向下，右掌心向上。（图5-34）

▲ 图5-34

29. 右飞手

身体右转180°成右弓步；同时，双掌随身体转动向右砍击，右掌心向下，左掌心向上。（图5-35）

▲ 图5-35

30. 化手出技

双手向下交叉，再外格，右脚弧型上半步，左脚跟半步；同时，双手前推。（图5-36）

▲ 图5-36

31. 插

右脚弧型上半步，左脚跟半步，双手前插。（图5-37）

▲ 图5-37

32. 吞

双手掌心向内,在体前交叉再外扩,力达手腕。(图 5-38)

▲ 图 5-38

33. 土

双手体前交叉,再向下、向外格开。(图 5-39)

▲ 图 5-39

34. 浮

双手向下交叉,再向上外格。(图 5-40)

▲ 图 5-40

35. 沉

重心略下沉；同时，双手翻掌下沉，力达掌根。（图 5-41）

▲ 图 5-41

36. 土

双手体前交叉，再向下、向外格开。（图 5-42、图 5-43）

▲ 图 5-42　　▲ 图 5-43

37. 化手出技

双手向下交叉外格，右脚弧型上半步，左脚跟半步；同时，双手前推。（图 5-44）

▲ 图 5-44

38. 插

右脚弧型上半步，左脚跟半步，双手前插。
（图 5-45）

▲ 图 5-45

39. 胀手

双手外撑，掌心向下。
（图 5-46）

▲ 图 5-46

40. 双土手

双手体前交叉，再向外格，重心略下沉。
（图 5-47、图 5-48）

▲ 图 5-47 　　▲ 图 5-48

41. 滚手

右脚后侧半步，双手抓握外旋下坠成马步。（图5-49）

▲ 图5-49

42. 左滚手

双手体前内交叉，右臂在外，左臂在内。（图5-50）

▲ 图5-50

43. 右滚手

双手体前内交叉，左臂在外，右臂在内。（图5-51）

▲ 图5-51

44. 仰身

身体后仰,双手变掌上托。(图 5-52)

▲ 图 5-52

45. 左下滚手

左腿向左跨一步成弓步,双手在左膝前交叉下插。(图 5-53)

▲ 图 5-53

46. 双飞手

身体右转成马步;同时,双手翻掌甩出。(图 5-54)

▲ 图 5-54

47. 收势

右脚向前上半步，双腿屈膝下蹲成右虚步，左手变掌，右手抱拳成抱拳礼，随后，左脚上步成并步，双手自然下落体侧成并步站立。（图 5-55、图 5-56）

▲ 图 5-55　　　▲ 图 5-56

（二）藤技

1. 将军抱印

立正站立，左脚向左横跨一步，双脚与肩同宽，随后左脚上半步，双手收回腰间，右手变拳，左手变单指向前推出，成请拳势。（图5-57～图5-59）

▲ 图5-57

▲ 图5-58 　　▲ 图5-59

2. 刷下

左脚向左后撤半步成马步，双手翻掌心向上捧技，随后翻掌心下切成马步切掌状。（图5-60、图5-61）

▲ 图5-60　　▲ 图5-61

3. 化手生金

双手腹前交叉，屈臂、屈肘外格，随后翻掌于腹前推出。（图5-62）

▲ 图5-62

4. 扎技

双手翻掌下沉成虚步坐腕，力达掌根。（图5-63）

▲ 图5-63

5. 插

步型不变,双手前插。
(图 5-64)

▲ 图 5-64

6. 化手出技

双手腹前交叉,屈臂、屈肘外格,随后翻掌于腹前推出。
(图 5-65、图 5-66)

▲ 图 5-65　　　▲ 图 5-66

7. 扎技

双手翻掌下沉成虚步坐腕,力达掌根。
(图 5-67)

▲ 图 5-67

8. 插

步型不变,双手前插。（图 5-68）

▲ 图 5-68

9. 化手出技

双手腹前交叉,屈臂、屈肘外格,随后翻掌于腹前推出。（图 5-69、图 5-70）

▲ 图 5-69 　　▲ 图 5-70

10. 扎技

双手翻掌下沉,左脚上步,成左虚步坐腕,力达掌根。（图 5-71）

▲ 图 5-71

11. 插

步型不变,双手前插。
(图 5-72)

▲ 图 5-72

12. 化手生金

双手腹前交叉,屈臂、屈肘外格,随后翻掌于腹前推出。
(图 5-73、图 5-74)

▲ 图 5-73　　　▲ 图 5-74

13. 半撕

重心略下坠,双手握拳,向下撕拉。(图 5-75)

▲ 图 5-75

14. 双锤

身体右转90°；同时，重心前移，双手变拳前冲，随后左脚上半步后成马步；同时，双拳下捶。（图5-76、图5-77）

▲ 图5-76 　　　　▲ 图5-77

15. 贴手

左脚侧跨一步，身体左转90°，随后右手撩阴，左手成掌护于肘下。（图5-78）

▲ 图5-78

16. 劈手

重心后移成弓步，右手屈腕上格，左手成掌下按，重心前移成左弓步；同时，右掌向前砍击，左掌护于右肘下方。（图5-79、图5-80）

▲ 图5-79 　　　　▲ 图5-80

17. 进步劈手

右脚上步提膝，震脚后成马步；同时，右手上举再下劈，左掌护于胸前。（图5-81、图5-82）

▲ 图5-81 　　▲ 图5-82

18. 化手出技

右脚向右跨半步，身体转正成右虚步，双手腹前交叉，屈臂、屈肘外格，随后翻掌于腹前推出。（图5-83、图5-84）

▲ 图5-83 　　▲ 图5-84

19. 右牵牛过栏

双手握拳外旋用力，右脚后撤一步；同时，带动身体右转下坠成马步。（图5-85、图5-86）

▲ 图5-85 　　▲ 图5-86

20. 木手

左脚向左侧上半步，身体左转成弓步；同时，双手经腰间向前横掌推出，左掌心向内，右掌心向外。（图5-87）

▲ 图5-87

21. 化手生金

重心后移成双马步，双手腹前交叉，屈臂、屈肘外格，随后翻掌于腹前推出。（图5-88、图5-89）

▲ 图5-88 　　▲ 图5-89

22. 左牵牛过栏

双手握拳外旋用力，左脚后撤一步；同时，带动身体左转下坠成马步。（图5-90、图5-91）

▲ 图5-90 　　▲ 图5-91

23. 木手

右脚向右侧上半步，身体右转成弓步；同时，双手经腰间向前横掌推出，右掌心向内，左掌心向外。（图5-92）

▲ 图5-92

24. 化手出技

重心后移成双马步，双手腹前交叉，屈臂、屈肘外格，随后接翻掌于腹前推出。

（图5-93、图5-94）

▲ 图5-93 　　▲ 图5-94

25. 右牵牛过栏

双手握拳外旋用力，右脚后撤一步；同时，带动身体右转下坠成马步。

（图5-95、图5-96）

▲ 图5-95 　　▲ 图5-96

26. 木手

左脚向左侧上半步，身体左转成弓步；同时，双手经腰间向前横掌推出，左掌心向内，右掌心向外。（图 5-97）

▲ 图 5-97

27. 大鹏过江

重心后移成左虚步，双手变掌，在体前向下交叉外格，起身左腿向前弹踢。（图 5-98、图 5-99）

▲ 图 5-98　　　▲ 图 5-99

28. 叉喉劈手

左脚落步后左手前叉喉,随后重心后移,举右掌再前劈成弓步劈掌,左手护于胸前,随后右脚上步,向左转身成马步,右手收回再上举下劈,成马步劈掌势。(图 5-100～图 5-103)

▲ 图 5-100 　　▲ 图 5-101 　　▲ 图 5-102 　　▲ 图 5-103

29. 贴身插腰

左脚向左上步成左弓步,右手撩阴,左手护于右肘上,重心后坐,左手过技,右手收回腰间,随后左手收回腰间,同时右手前切。(图 5-104～图 5-106)

▲ 图 5-104 　　▲ 图 5-105 　　▲ 图 5-106

30. 观音滴露

向右转身90°，右手外格；同时，提右膝，右脚向右前落步下踩，左拳向前打出。（图5-107、图5-108）

▲ 图5-107 　　▲ 图5-108

31. 螳螂击鼓

向左后转身，右冲拳，随后向右略转，左手双指下戳，右手收回腰间。（图5-109、图5-110）

▲ 图5-109 　　▲ 图5-110

32. 穿山龙

右脚向前上步成马步；同时，右手变掌从腰间前插，随后起身左手前切，右手收回再上举下劈，左手护于胸前。（图5-111~图5-113）

▲ 图5-111 　　▲ 图5-112 　　▲ 图5-113

33. 劈手

左脚向左前斜上步，右手回勾，左手前切，随后右手向左前下劈，左掌护于胸前。（图 5-114、图 5-115）

▲ 图 5-114 　　　　▲ 图 5-115

34. 进步一捶

重心后坐成双弓步，双掌于腹前交叉前推，右脚上步成马步，身体左转 90°；同时，右手冲拳，左手护于胸前。

（图 5-116、图 5-117）

▲ 图 5-116 　　　　▲ 图 5-117

35. 左金鸡展翅

右脚向后退步成左虚步，左手屈臂、屈肘外格，右手护于胸前。

（图 5-118）

▲ 图 5-118

36. 右金鸡展翅

左脚向左后退步成右虚步,身体右转90°,右手屈臂、屈肘外格,左手护于胸前。(图5-119)

▲ 图5-119

37. 神鹤劈翅

左脚向左上半步成马步,双掌置于腹前,先右掌、再左掌、再右掌向前三切掌。(图5-120~图5-122)

▲ 图5-120 　　　　▲ 图5-121 　　　　▲ 图5-122

38. 收势

双手收回腰间，随后右手变拳，左手变双立指向前推出成虚步请拳状，右脚上半步成并步，双手在胸前合十，双手自然下落成立正姿势。（图5-123～图5-125）

▲ 图5-123 　　　　▲ 图5-124 　　　　▲ 图5-125

（三）食鹤一

1. 将军抱印

立正站立，左脚向左横跨一步，双脚与肩同宽，重心下沉成马步；同时，双手捧技于腹前，随即双手收回胸前向外下切，右脚上半步，双手收回腰间，右拳左指向前推出，成请拳势。

（图5-126~图5-130）

▲ 图5-126

▲ 图5-127

▲ 图5-128

▲ 图5-129

▲ 图5-130

2. 捧技

右脚后撤半步成马步；同时，双手向外翻掌成马步捧技势。
（图 5-131）

▲图 5-131

3. 刷下

双手提起再经胸前向下切，成马步切掌状。
（图 5-132）

▲图 5-132

4. 双锤

右脚向右前斜上步成双弓步；同时，双手握拳向右上鞭击。（图 5-133）

▲图 5-133

5. 劈手

左脚向左前斜上步，身体左转成左弓步，双手变掌向斜前方砍击。（图 5-134）

▲ 图 5-134

6. 神尼矮马

右脚向右前斜上步，右手屈腕、屈臂外格，左手置于右肘下，随后左手翻掌右推；同时，右手回收砍击。

（图 5-135、图 5-136）

▲ 图 5-135　　▲ 图 5-136

7. 流星赶月

左脚向左前斜上步，身体左转，左手屈臂外格，右手从下向上勾击对方腹部。（图 5-137）

▲ 图 5-137

8. 裁手

双手收回再交叉下格。（图5-138）

▲ 图5-138

9. 劈手

身体向左后转180°，左手屈臂、屈腕外格，右手砍击成马步砍掌状。（图5-139）

▲ 图5-139

10. 摇身过法

左脚向前上步，向右转体90°；同时，右手屈腕、屈臂外格，左手向右横推，随后右脚上步，左手屈腕、屈臂外格成双弓步；同时，右手并指前插。（图5-140、图5-141）

▲ 图5-140 　　▲ 图5-141

11. 化手出技

双手腹前交叉屈臂、屈肘外格,再翻掌从腹前推出。(图5-142)

▲ 图5-142

12. 食鹤弹腿

双手胸前交叉后外格,随后提右腿向前弹踢。(图5-143)

▲ 图5-143

13. 落地虎

右脚落步向左跃步,落地后成左弓步,左手抓握变拳,右手变拳,向前冲拳。

(图5-144、图5-145)

▲ 图5-144    ▲ 图5-145

14. 飞手

向右转身 90°，双拳变掌收回腰间，再向前双切掌。（图 5-146）

▲ 图 5-146

15. 劈手

右手刁手回拉，左手胸前平切，随后左脚上步，右手砍掌，左手立掌置于右肘旁。
（图 5-147、图 5-148）

▲ 图 5-147 　　　▲ 图 5-148

16. 日月飞脚

双手不变，右腿提膝向前弹踢。（图 5-149）

▲ 图 5-149

17. 阴阳手

右脚落步后左脚上步，身体右转90°，双手下按成马步按掌状，随后，身体左转，双手向左前推出，右掌心向内，左掌心向外，成弓步双推掌。（图5-150、图5-151）

▲ 图5-150

▲ 图5-151

18. 连环珠手

右脚上步成马步，双手弧形抱掌于腹前，身体右转成弓步，双掌向右腿前上推出成双托掌，随后左脚上步，身体左转成左弓步，双手抱掌于腹前，再右脚上步，身体左转，双手向右腿前上双托掌，随后左脚上步，身体右转成弓步，双手换掌抱于腹前。（图5-152～图5-156）

▲ 图5-152

▲ 图5-153 　　▲ 图5-154 　　▲ 图5-155 　　▲ 图5-156

19. 钩镰插

左手弧形下格，右手向前插掌。（图 5-157）

▲ 图 5-157

20. 化手出技

重心后移，成双弓步，双手腹前交叉屈臂、屈肘外格，随后翻掌从腹前推出。（图 5-158）

▲ 图 5-158

21. 双龙献瑞

右脚上半步，左脚跟进半步成双弓步，双掌略回收，随后向前插掌，再翻掌。

（图 5-159、图 5-160）

▲ 图 5-159 　　▲ 图 5-160

22. 收势

双手收回腰间后，右手变拳，左手变双立指向前推出成虚步请拳状，左脚上半步成并步，双手自然下落成立正站立。

（图5-161、图5-162）

▲ 图5-161　　　　▲ 图5-162

（四）食鹤二

1. 将军抱印

立正站立，左脚向左横跨一步，双脚与肩同宽，双腿屈膝下蹲成马步；同时，双手捧技于腹前，随即双手收回胸前向外下切，右脚上半步，双手收回腰间，右拳左指向前推出成请拳势。
（图5-163～图5-165）

▲ 图5-163

▲ 图5-164 　　　　▲ 图5-165

2. 金刀切木

左脚上半步成马步，双手先外摊，再下切。（图 5-166、图 5-167）

▲ 图 5-166 　　　　▲ 图 5-167

3. 化手出技

左脚上半步，双手腹前交叉屈臂、屈肘外格，随后翻掌从腹前推出。（图 5-168）

▲ 图 5-168

4. 青龙出水

右脚上步成马步，右手向前插掌，掌心向左，左手护于右肩前。（图 5-169）

▲ 图 5-169

5. 劈手

身体略右转，右手回勾，左掌前切，随后身体略左转，右手从上向前下劈击，左手护于胸前。（图5-170、图5-171）

▲ 图5-170 　　▲ 图5-171

6. 铁捶入石

右脚后撤一步，右手收回腰间，左掌前切，随后重心前移成左弓步，左掌下压，右手变拳向前击出。（图5-172、图5-173）

▲ 图5-172 　　▲ 图5-173

7. 勾脚

重心后移，身体左转90°，左脚提起回勾，双手向身体两侧张开。（图5-174）

▲ 图5-174

8. 劈手

左脚向前落步成左弓步，身体左转90°，右手向前劈击，左手立掌护于胸前。（图5-175）

▲ 图5-175

9. 撩阴腿

重心后移成双弓步，左手于胸前过拔，随后右脚向前弹击。
（图5-176、图5-177）

▲ 图5-176 　　▲ 图5-177

10. 双捶击鼓

右脚落步后左脚上步成双弓步，出左拳，再重心前移击打右拳成左弓步右冲拳。
（图5-178、图5-179）

▲ 图5-178 　　▲ 图5-179

11. 偷步撩阴

左脚活步后右脚向左脚后插步，左拳变掌向身后撩击，右手上格。（图 5-180）

▲ 图 5-180

12. 犀牛献角

向右转身 180°成右虚步，右肘后撞，右拳收回腰间，左手向前推出。（图 5-181）

▲ 图 5-181

13. 翻身捶

左脚向右上步，向右转身 180°成双弓步；同时，右手外格，左手变拳经腰间向前打出。（图 5-182、图 5-183）

▲ 图 5-182 　　▲ 图 5-183

14. 飞手

右脚后撤一步成马步，身体右转90°，双手变掌屈臂外摊，随后身体右转，双手在身前双切掌。（图5-184、图5-185）

▲ 图5-184 　　　▲ 图5-185

15. 千斤坠

身体略左转，重心下沉成马步，右手屈臂向下肘击，左手护于胸前。（图5-186）

▲ 图5-186

16. 落腿虎

向左跃步，落步后成左弓步，随后左手抓握变拳，右手向前冲出。（图5-187、图5-188）

▲ 图5-187 　　　▲ 图5-188

17. 日月双捶

向右转身180°成马步，双拳向下、向前撩击，随后双拳外翻向上、向前弹击。（图5-189、图5-190）

▲ 图5-189　　　▲ 图5-190

18. 食鹤展翅

左脚向左上半步成横裆步；同时，右拳变掌下砍，左拳变掌屈臂、屈腕外格。（图5-191）

▲ 图5-191

19. 马步双捶

重心右移成马步，双掌变拳向下冲拳。（图5-192）

▲ 图5-192

20. 鹤翅双展

步型不变，双拳向上、向外砸拳。（图5-193）

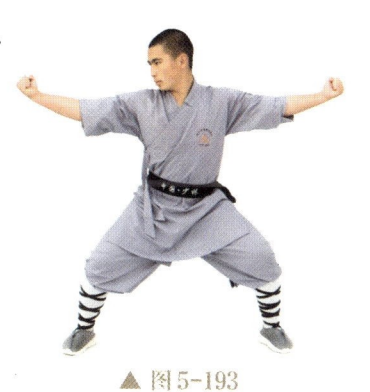

▲ 图5-193

21. 雪花盖顶

身体左转成左弓步，右拳从右向左横贯，左拳收于腰间。（图5-194）

▲ 图5-194

22. 过技踢脚

重心略后移成双弓步，左手过技，右拳收回腰间，右脚向前弹击。（图5-195、图5-196）

▲ 图5-195 　　▲ 图5-196

23. 铁捶入石

右脚向前落步，身体左转90°成马步；同时，右拳向右打出，左手立掌护于胸前。（图5-197）

▲ 图5-197

24. 大帝斩腰

步型不变，右拳变掌下压，随后双掌同时向身体右侧砍击。（图5-198、图5-199）

▲ 图5-198 　　▲ 图5-199

25. 退马插指

右脚向右撤一步成横裆步；同时，右掌屈臂、屈肘外格，左手变双指下插。（图5-200）

▲ 图5-200

26. 转身一捶

右脚向右后上半步，左脚跟步成马步，右掌变拳向右击出，左手立掌护于胸前。（图 5-201）

▲ 图 5-201

27. 乌云盖顶

重心略前移成右弓步，左手下压，右拳砸拳。（图 5-202）

▲ 图 5-202

28. 飞手

身体左转 90°，右脚上步成弓步；同时，右拳变掌，双手向前双切掌。（图 5-203）

▲ 图 5-203

29. 劈手

身体略右转,右手回勾,左手翻掌前撑,随后重心后移成马步,右手向前劈击,左手立掌护于胸前。(图5-204、图5-205)

▲ 图5-204 　　　　▲ 图5-205

30. 日月飞腿

手不动,右腿提膝向前弹踢。(图5-206)

▲ 图5-206

31. 猛虎扑食

右脚落步,双腿跃起向右转身90°成马步;同时,双手于胸前抓握成拳。(图5-207、图5-208)

▲ 图5-207 　　　　▲ 图5-208

32. 挑技撒放

向左转身,成左弓步,双掌向上撩击,随后右脚上步成双弓步;同时,双掌翻掌前推。(图 5-209、图 5-210)

▲ 图 5-209 　　　▲ 图 5-210

33. 勾镰插

步型不变,右手屈臂、屈腕回勾;同时,左掌向前插击。(图 5-211)

▲ 图 5-211

34. 收势

右脚回收半步,重心后移成右虚步,双手成抱拳礼,随后右脚向左脚并拢成立正站立。

(图 5 212、图 5-213)

▲ 图 5-212 　　　▲ 图 5-213

（五）四门拳

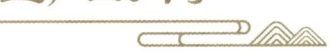

1. 将军抱印

立正站立，左脚向左横跨一步，双脚与肩同宽，随后右脚向前上半步成右虚步；同时，右拳成左剑指向胸前推出，成请拳势。（图5-214～图5-216）

▲ 图5-214

▲ 图5-215

▲ 图5-216

2. 刷下

右脚向右后撤半步成马步，双手于胸前交叉外格，掌心向上，随后双手腹前交叉后下切成马步切掌势。（图5-217、图5-218）

▲ 图5-217 　　▲ 图5-218

3. 前沉技双鹤爪

右脚向右前上半步成双弓步，双手于胸前交叉外格，随后双掌体前下插。（图5-219、图5-220）

▲ 图5-219 　　▲ 图5-220

4. 后沉技双鹤爪

向左后转身180°成双弓步，双手于胸前交叉外格，随后重心略后移，双掌体前下插。

（图5 221、图5-222）

▲ 图5-221 　　▲ 图5-222

5. 右沉技双鹤爪

右脚向右斜跨半步，身体右转90°成双弓步，双手于胸前交叉外格，随后重心略后移，双掌体前下插。（图5-223、图5-224）

▲ 图5-223 　　　　▲ 图5-224

6. 左沉技双鹤爪

左脚向左移动一小步，身体向左后转体180°成双弓步，双手于胸前交叉外格，随后重心略后移，成右虚步；同时，双掌体前交叉外格，成左虚步双格掌势。（图5-225、图5-226）

▲ 图5-225 　　　　▲ 图5-226

7. 关公出刀

向右后转身，左脚上步；同时，左手外格，右手置于腰间，随后右脚上步成双弓步；同时，右手前切，力达掌根，左手向左下插。（图5-227、图5-228）

▲ 图5-227 　　　　▲ 图5-228

8. 左闪步

左脚向前上步；同时，向右转身90°成右虚步，右手屈臂屈腕外格，左掌护于右肘内侧。
（图 5-229）

▲ 图 5-229

9. 右罗汉撞钟

右脚向右前上半步成右弓步；同时，右臂屈肘前顶，右手变拳，左掌贴于右拳面上助力前推。
（图 5-230）

▲ 图 5-230

10. 右神龙出水

重心略后坐成马步；同时，右掌下切，左手护于胸前，随后重心略前移成右弓步；同时，左掌下切，右掌收于腰间。
（图 5-231、图 5-232）

▲ 图 5-231    ▲ 图 5-232

11. 右闪步

右脚横跨半步，左脚前伸成左虚步；同时，左手屈臂屈腕外格，右掌护于左肘内侧。（图5-233）

▲ 图5-233

12. 左罗汉撞钟

左脚向左前上半步成左弓步；同时，左臂屈肘前顶，左手变拳，右掌贴于左拳面上助力前推。（图5-234）

▲ 图5-234

13. 左神龙出水

重心略后移成马步；同时，左拳变掌下切，右手护于胸前，随后重心略前移成左弓步；同时，右掌下切，左掌护于右肘侧。（图5-235、图5-236）

▲ 图5-235 　　▲ 图5-236

14. 右勾拳

右脚上半步成马步，左手握拳下格，右手握拳向上勾击。（图 5-237）

▲ 图 5-237

15. 前后飞手

向左侧跃步，落地后成左弓步；同时，双拳变掌向左双切掌，左掌心向下，右掌心向上，随后向右转身 180° 成右弓步，双掌向右双切掌，左掌心向上，右掌心向下。（图 5-238～图 5-240）

▲ 图 5-238 　　　　▲ 图 5-239 　　　　▲ 图 5-240

16. 左鹤爪刨土

重心后移下蹲成右半马步，左掌下落如刨土状；同时，右掌立于胸前，随后重心前移成右双弓步，左掌不动，右掌上撩至胸前。（图5-241、图5-242）

▲ 图5-241 　　　▲ 图5-242

17. 右鹤爪刨土

左脚上步，重心后移下蹲，左掌外格立于胸前；同时，右掌下落向下刨土成右半马步，随后重心前移成右双弓步，左掌不动，右掌上撩至胸前。（图5-243、图5-244）

▲ 图5-243 　　　▲ 图5-244

18. 左闪步

左脚向左后撤一步，右脚略收回于左脚前成右虚步，右手屈臂屈腕外格，左掌护于右肘内侧。

（图5-245）

▲ 图5-245

19. 右闪步

右脚向右后撤一步，左脚略收回于右脚前成左虚步，左手屈臂屈腕外格，右掌护于左肘内侧。

（图 5-246）

▲ 图 5-246

20. 右罗汉撞钟

右脚上半步成右弓步；同时，右手屈肘前顶，右掌变拳，左掌贴于右拳面上助力前推。

（图 5-247）

▲ 图 5-247

21. 美人照镜

步型不变，右拳向前鞭击，左手立掌护于右肘内侧。（图 5-248）

▲ 图 5-248

22. 转身摘桃

向左转身180°成左双弓步，右手变掌向后掏抓，左手变拳向前击打。（图5-249）

▲ 图5-249

23. 劈手

向右转身180°成右双弓步，左拳变掌，双手捧技于胸前，重心后坐，左掌下切；同时，右掌收于肩上，重心再前移成右双弓步；同时，右掌前劈，左掌护于右肘内侧。（图5-250～图5-252）

▲ 图5-250　　　　▲ 图5-251　　　　▲ 图5-252

24. 神童披翅

左脚上半步成马步，右掌下切，左掌护于胸前，再左掌下切，右掌护于胸前，再右掌下切，左掌护于胸前。（图 5-253～图 5-255）

▲ 图 5-253　　　　▲ 图 5-254　　　　▲ 图 5-255

25. 收势

右脚上半步成右虚步；同时，右拳左剑指向胸前推出成抱拳礼，随后双手胸前交叉外格，掌心向上，再双手于腹前交叉后下切，掌心向下，成马步切掌势，右脚并步成立正站立，双手垂于大腿两侧。（图 5-256·图 5 259）

▲ 图 5-256　　▲ 图 5-257　　▲ 图 5-258　　▲ 图 5-259

（六）罗汉

1. 弥勒摸珠

立正站立，右脚向右横跨一步，双掌收至胸前，向下按掌至腹前，左脚上半步成左虚步；同时，右拳左指向体前推出，成虚步请拳势。（图 5-260～图 5-262）

▲ 图 5-260

▲ 图 5-261 　　▲ 图 5-262

2. 龙虎举旗

重心左移，身体右转90°成右虚步；同时，双手于体前划半弧至身前，右掌在上，左掌在下。（图5-263）

▲ 图5-263

3. 飞凤朝天

右脚上半步，身体左转90°成马步，双掌向下叉截，随后左脚上半步；同时，双手屈肘屈腕外格成虚步分掌状，随后提左脚飞踢。（图5-264～图5-266）

▲ 图5-264 　　　▲ 图5-265 　　　▲ 图5-266

4. 左五虎下山

左脚落步成左虚步,右手不动,左手向下插指,随后左手变拳外格,再向前冲拳。(图 5-267~图 5-269)

▲ 图 5-267 　　▲ 图 5-268 　　▲ 图 5-269

5. 右五虎下山

步型不变,左拳回收;同时,右手下插,随后右手变拳外格,再向前冲拳。(图 5-270~图 5-272)

▲ 图 5-270 　　▲ 图 5-271 　　▲ 图 5-272

6. 左五虎下山

步型不变，右拳回收，左拳变掌向下插指，随后左手变拳外格，再向前冲拳。（图 5-273～图 5-275）

▲ 图 5-273 　　　▲ 图 5-274 　　　▲ 图 5-275

7. 螳螂击鼓

步型不变，左拳外格，右拳向前冲拳，随后右拳外格，左拳向前冲拳，再左拳外格，右拳向前冲拳。（图 5-276～图 5-278）

▲ 图 5-276 　　　▲ 图 5-277 　　　▲ 图 5-278

8. 左弥勒过技

步型不变，双手于胸前过技，左拳在前，右拳在后，随后双拳于胸前交叉剪手，左拳在外，右拳在内成左虚步交叉拳。（图5-279、图5-280）

▲ 图5-279 　　　▲ 图5-280

9. 右弥勒过技

右脚上步成虚步，双拳变掌交叉外分，随后双手变拳于胸前过技后，再于胸前外裹并交叉剪手，左拳在内，右拳在外成右虚步交叉拳。（图5-281～图5-283）

▲ 图5-281 　　　▲ 图5-282 　　　▲ 图5-283

10. 童子拜佛

左脚上一步，双拳变掌于胸前分开，右脚向右上步，身体右转90°成双弓步；同时，两掌合十于胸前，随后合掌向上略插，再重心前移成右弓步；同时，两掌向前推出，力达掌根。（图5-284~图5-287）

▲ 图5-284　　▲ 图5-285　　▲ 图5-286　　▲ 图5-287

11. 左关公劈刀

身体左转成左弓步；同时，右掌向下、向前、向斜上撩击，高与腹平，左掌护于右肘内侧，随后重心略后移；同时，左掌向斜下切，右掌拉回于右肩前，再重心略前移成左弓步；同时，右掌向上、向前、向下砍击，左掌护于右肘内侧。（图5-288~图5-290）

▲ 图5-288　　▲ 图5-289　　▲ 图5-290

12. 观音端盘

重心略后坐成双弓步；同时，双手于体前交叉后向斜下、向后外格再向前推出（化手），随后右脚上步成右弓步；同时，两掌向右推出，左掌在上，右掌在下。
（图 5-291、图 5-292）

▲ 图 5-291 　　　　▲ 图 5-292

13. 后关公劈刀

左脚向左后上步，身体左转 90° 成左弓步；同时，右手向前、向斜上撩击，左手护于右肘内侧，随后重心略后移；同时，左掌向斜下切，右拳拉回于右肩前，再重心略前移成左弓步；同时，右掌向上、向前、向下砍击，左掌护于右肘内侧。
（图 5-293~图 5-295）

▲ 图 5-293 　　　　▲ 图 5-294 　　　　▲ 图 5-295

14. 观音端盘

重心略后坐成双弓步；同时，双手于体前交叉后向斜下、向后外格再向前推出（化手），随后右脚上步成右弓步；同时，两掌向右推出，左掌在上，右掌在下。（图 5-296、图 5-297）

▲ 图 5-296 　　▲ 图 5-297

15. 弥勒献肚

右脚后撤成马步；同时，双手于体前交叉后向斜下、向后外格再向前推出（化手），随后两掌翻掌心向上移至两肩前，腹部向前顶出。（图 5-298、图 5-299）

▲ 图 5-298 　　▲ 图 5-299

16. 出技

身体直立，双手下压成马步双压掌，右脚向左前上半步成虚步；同时，右手过技，成右手前、左手后长短技。（图 5-300、图 5-301）

▲ 图 5-300 　　▲ 图 5-301

17. 金蝉脱壳

以左脚为轴，右脚向左水平勾扫180°后落步踩脚，随后左脚向左下铲成右弓步；同时，左手下切，右手收于右肩前，再重心移左腿成左弓步横砍掌，左手护于右肘内侧。
（图5-302、图5-303）

▲ 图5-302　　▲ 图5-303

18. 穿山龙

重心后移成左虚步，双手体前化手，随后右脚向右前上步成马步；同时，双手收回后右手变拳前穿，左手立掌护于右肘内侧。
（图5-304、图5-305）

▲ 图5-304　　▲ 图5-305

19. 右关公劈刀

重心后移，右拳变掌回收至右肩侧，左手下切，随后右手砍掌，左手立掌于右肘内侧；同时，重心前移成马步。（图5-306、图5-307）

▲ 图5-306　　▲ 图5-307

20. 前关公劈刀

身体左转成左弓步，右手向下撩击，随后重心后移，右手回收至右肩侧，左掌下切，右手砍掌，左手立掌于右肘内侧；同时，重心前移成马步。（图5-308~图5-310）

▲ 图5-308 　　　▲ 图5-309 　　　▲ 图5-310

21. 右金鸡踩腰

重心后移成左虚步化手，左脚上半步跃步，左手变拳屈肘，右手变拳直臂向右上摆，落步后右脚下铲成右仆步；同时，右拳变掌收回下砍，左手外格。（图5-311~图5-313）

▲ 图5-311 　　　▲ 图5-312 　　　▲ 图5-313

22. 左金鸡踩腰

右脚收回跺脚并起跳，右手变拳屈肘，左手直臂向左上摆，落步后左脚下铲成左仆步；同时，左拳变掌下砍，右手外格。（图5-314、图5-315）

▲ 图5-314　　▲ 图5-315

23. 左金鸡啄斗

重心左移起身，右脚跺脚后左腿提膝向前弹踢；同时，双掌经胸向前插出。（图5-316）

▲ 图5-316

24. 右金鸡啄斗

左脚落步，右腿提膝向前弹踢；同时，双掌经胸向前插出。（图5-317）

▲ 图5-317

25. 左罗汉手

右脚落步后左脚上步成虚步；同时，左手握拳经腹前外格，右手握拳护于左肘下。（图 5-318）

▲ 图 5-318

26. 右罗汉手

右脚上步成虚步；同时，右拳经腹前外格，左拳护于右肘下。（图 5-319）

▲ 图 5-319

27. 螳螂击鼓

步型不变，右拳向前击出，随后左拳向前击出；同时，右拳收回胸前，再右拳向前击出；同时，左拳收回胸前。（图 5-320～图 5-322）

▲ 图 5-320 　　▲ 图 5-321 　　▲ 图 5-322

28. 右仙翁醉酒

右腿屈膝提起，右脚向左上勾，双拳变掌交叉护于胸前，随后右脚向右前落步成弓步；同时，双手向前推出，左掌心向外，右掌心向内。（图5-323、图5-324）

▲ 图5-323　　▲ 图5-324

29. 左仙翁醉酒

左腿屈膝提起，左脚向右上勾，双手变掌护于胸前，随后左脚向左前落步成弓步；同时，双手向前推出，左掌心向内，右掌心向外。（图5-325、图5-326）

▲ 图5-325　　▲ 图5-326

30. 左观音坐莲

左脚向右脚右侧盖步成左歇步，双手向内剪手后交叉握拳于胸前。（图5-327）

▲ 图5-327

31. 右观音坐莲

左脚向左横跨一步，右脚向左脚左侧盖步成右歇步，双手向内剪手后交叉握拳于胸前。

（图 5-328）

▲ 图 5-328

32. 左观音坐莲

右脚向右横跨一步，左脚向右脚右侧盖步成左歇步，双手向内剪手后交叉握拳于胸前。

（图 5-329）

▲ 图 5-329

33. 罗汉凳炉

左脚向左横跨一步成马步，随后双脚蹬地起跳，双腿在空中向左右蹬出；同时，双拳向左右鞭击。

（图 5-330、图 5-331）

▲ 图 5-330 　　▲ 图 5-331

34. 罗汉撞钟

双脚落步后成左横裆步；同时，右拳收回腰间再向右横击，左拳收回腰间，随后重心后移成双弓步，左手上操拳，右手收回腰间，再右拳向前击出，左拳护于右肘内侧。（图 5-332～图 5-334）

▲ 图 5-332　　　　▲ 图 5-333　　　　▲ 图 5-334

35. 左三换掌

身体右转 90°成马步；同时，左拳变掌下切，右拳变掌内裹，掌心向上置于胸前，随后右掌下切，左手内裹，掌心向上置于胸前，再左掌下切，右手内裹，掌心向上置于胸前。（图 5-335～图 5-337）

▲ 图 5-335　　　　▲ 图 5-336　　　　▲ 图 5-337

36. 日月脚

右腿提膝向前飞踢，右掌向前切出，左掌护于胸前。（图 5-338）

▲ 图 5-338

37. 右三换掌

右脚落步成马步；同时，左掌下切，右手内裹，掌心向下置于胸前，随后右掌下切，左手内裹，掌心向下置于胸前，再左掌下切，右手内裹，掌心向下置于胸前。（图 5-339～图 5-341）

▲ 图 5-339　　　　▲ 图 5-340　　　　▲ 图 5-341

38. 白凤展翅

步型不变，双手化手后收回，经胸前交叉后向身体两侧双插指。（图 5-342 ~ 图 5-344）

▲ 图 5-342　　　　▲ 图 5-343　　　　▲ 图 5-344

39. 收势

左脚上半步成左虚步，双掌收至胸前，向下捋至腹前，右手抱拳，左手立指体前推出成虚步请拳势，随后右脚上步成并步，双手下落置于腿两侧成立正站立。（图 5-345 ~ 图 5-347）

▲ 图 5-345 　　　　▲ 图 5-346 　　　　▲ 图 5-347

六 精选器械类

（一）双锏

1. 请拳

开立步，双手反握锏，虎口朝下，锏头朝上，双手相合于胸前成抱拳礼，左脚向左略分开，双腿略屈膝成高马步；同时，双手正握锏，使双锏在头顶上方交叉上格。（图6-1~图6-3）

▲图6-1

▲图6-2  ▲图6-3

2. 双锏下压

重心略下降成马步；同时，双锏向下劈打，高与腰平，双锏平行。（图6-4）

▲ 图6-4

3. 双锏扫腰

重心右移，向右转身成右弓步；同时，双锏下压向右水平横扫,左手低、右手高。（图6-5）

▲ 图6-5

4. 苏秦背剑

重心左移成左弓步；同时，双锏反贴于后背，眼视右上方。（图6-6）

▲ 图6-6

5. 双锏扫腰

重心右移,向右转身成右弓步,双锏向右水平横扫,左手低、右手高。(图6-7)

▲ 图6-7

6. 关锏

重心略左移,向左转身成马步;同时,双手反握双锏,竖直置于体前。(图6-8)

重心略左移,向左转身成左弓步,双锏随转体向左置于体前。(图6-9)

▲ 图6-8　　　▲ 图6-9

7. 撩锏

重心右移,向右转身成右弓步;同时,双锏把向下、向左、向上撩出,高与肩平。(图6-10)

▲ 图6-10

8. 左格右戳

重心略左移，向左转身成双弓步；同时，左锏身向左格出，右锏置于腰间。（图 6-11）

略右转身，右锏把向前戳出。（图 6-12）

▲ 图 6-11　　　　▲ 图 6-12

9. 关锏

右锏收回，马步站立；同时，双手反握双锏，竖直置于体前。（图 6-13）

重心略左移，向左转身成左弓步，双锏随转体向左置于体前。（图 6-14）

▲ 图 6-13　　　　▲ 图 6-14

10. 撩锏

重心右移，向右转身成右弓步；同时，双锏把向下、向左、向上撩出，高与肩平。（图 6-15）

▲ 图 6-15

11. 下剪分格

右脚向前上步,向左转身成双弓步;同时,双锏把于腹前交叉下格。(图6-16)

重心略升高成高马步,同时,双锏身向上、向左右分开格出,竖直置于体侧。(图6-17)

▲ 图6-16　　　▲ 图6-17

12. 撩阴腿

重心略后坐;同时,右腿屈膝提起,右脚向上、向前踢出,高与腰平。(图6-18)

▲ 图6-18

13. 退步前戳

右脚落地成右弓步；同时，右锏把向前戳出。（图6-19）

右脚后撤成双马步；同时，左锏外格。（图6-20）

重心前移，成左弓步；同时，右锏把向前戳出。（图6-21）

左脚后撤一步成右弓步；同时，右锏外格。（图6-22）

重心前移，左锏把向前戳出。（图6-23）

右脚后撤一步成双马步，同时，左锏外格。（图6-24）

重心前移，右锏向前戳出。（图6-25）

▲ 图6-19

▲ 图6-20

▲ 图6-21

▲ 图6-22

▲ 图6-23

▲ 图6-24

▲ 图6-25

14. 后转身前戳

身体右转成右弓步；同时，右铜外格，左铜向前戳出。（图 6-26）

▲ 图 6-26

15. 左转身前戳

左脚向左进步，身体左转成双马步；同时，左铜外格。（图 6-27）

重心前移成左弓步；同时，右铜向前戳出。（图 6-28）

▲ 图 6-27 　　▲ 图 6-28

16. 后转身前戳

身体后转成双马步；同时，右铜外格。（图 6-29）

重心前移成右弓步；同时，左铜向前戳出。（图 6-30）

▲ 图 6-29 　　▲ 图 6-30

17. 后撤步前戳

右脚后撤一步，向右转身成双马步；同时，右铜外格。（图 6-31）

重心前移成右弓步；同时，左铜向前戳出。（图 6-32）

▲ 图 6-31 　　▲ 图 6-32

18. 泰山压顶

双脚蹬地腾空跳起并向右转身，双铜举过头顶。（图 6-33）

双脚落地成马步；同时，双铜向前、向下劈击，高与腹平。（图 6-34）

▲ 图 6-33 　　▲ 图 6-34

19. 右格左扫

身体右转成右弓步；同时，右铜外格。（图 6-35）

左铜向右横扫。（图 6-36）

▲ 图 6-35 　　▲ 图 6-36

20. 左格右扫

身体左转成左弓步；同时，左锏外格。(图6-37)

右锏向左横扫。

（图6-38）

▲ 图6-37　　▲ 图6-38

21. 右格左扫

身体右转成右弓步；同时，右锏外格。(图6-39)

左锏向右横扫。

（图6-40）

▲ 图6-39　　▲ 图6-40

22. 左格右扫

身体左转成左弓步；同时，左锏外格。

（图6-41）

右锏向左横扫。

（图6-42）

▲ 图6-41　　▲ 图6-42

23. 剪锏后跃步

右脚后撤一步，向右转身成马步；同时，双锏在右腿上方交叉成剪刀势。（图6-43）

双腿蹬地，身体腾空跃起。（图6-44）

▲ 图6-43 　　▲ 图6-44

24. 右下格左下劈

双脚落地成横裆步；同时，右锏下格，左锏外格。（图6-45）

重心右移成右弓步；同时，左锏向上、向前、向下劈打。（图6-46）

▲ 图6-45 　　▲ 图6-46

25. 左下格右下劈

右脚后撤一步，向右转身成横裆步；同时，左锏下格，右锏外格。（图6-47）

重心左移成左弓步；同时，右锏向上、向前、向下劈打。（图6-48）

▲ 图6-47 　　▲ 图6-48

26. 打虎势

左脚后撤一步，向左转身成左弓步；同时，两锏一上一下向右水平横扫。（图6-49）

▲图6-49

27. 右戳

右脚向前进步成右弓步；同时，右锏向前戳出，左锏横置于胸前。（图6-50）

▲图6-50

28. 左下格右戳

重心略后移成双弓步；同时，左锏向前下格，右锏收回。（图6-51）

重心再略后移成半马步；同时，右锏向前戳出，左锏收回。（图6-52）

▲图6-51　　▲图6-52

29. 左下格右下劈

右腿向右后撤步成横裆步；同时，左锏下格，右锏举过头顶。（图6-53）

重心前移成左弓步；同时，右锏向前、向下劈打。（图6-54）

▲ 图6-53 　　　　▲ 图6-54

30. 右下格左下劈

左脚向左后撤一步成横裆步；同时，右锏下格，左锏举过头顶。（图6-55）

重心前移成右弓步；同时，左锏向上、向前、向下劈打。（图6-56）

▲ 图6-55 　　　　▲ 图6-56

31. 左下格右下劈

右脚向右后撤一步成横裆步；同时，左锏下格，右锏举过头顶。（图6-57）

重心前移成左弓步；同时，右锏向上、向前、向下劈打。（图6-58）

▲ 图6-57 　　　　▲ 图6-58

32. 左打虎势

左脚向左撤一步成左弓步；同时，双锏一上一下向左水平横扫。（图 6-59）

▲ 图 6-59

33. 右打虎势

身体右转成右弓步；同时，双锏一上一下向右水平横扫。（图 6-60）

▲ 图 6-60

34. 右下格左下劈

重心左移成横裆步；同时，右锏下格，左锏侧举。（图 6-61）

重心前移成双弓步；同时，左锏向前下方劈打。（图 6-62）

▲ 图 6-61 　　▲ 图 6-62

35. 退步右下格左下劈

右脚后退一步，向右转身成横裆步；同时，右锏下格，左锏收至胸前。（图 6-63）

重心前移成双弓步；同时，左锏向上、向前、向下劈打。（图 6-64）

▲ 图 6-63　　　　▲ 图 6-64

36. 转身右下格左下劈

右脚前进一步，向左转身成横裆步；同时，右锏下格，左锏侧举。（图 6-65）

重心前移成双弓步；同时，左锏向上、向前、向下劈打。（图 6-66）

▲ 图 6-65　　　　▲ 图 6-66

37. 收势

重心移至双腿中间成高马步；同时，双锏在体前交叉后上举过头顶。（图6-67）

双锏向前、向下劈击，高与腹平。（图6-68）

起身，双腿直立，双手反握双锏合于胸前。（图6-69）

▲ 图6-67 　　　　　▲ 图6-68 　　　　　▲ 图6-69

（二）扁担

1. 起势

立正站立，右手握扁担中部，虎口朝上，立于体侧，左手自然垂于体侧。（图 6-70）

▲ 图 6-70

2. 右马步劈担

右手握扁担略上提，左手握住扁担下部，虎口朝上，随后右脚上步成右马步；同时，双手握扁担向前下用力劈击。（图 6-71）

▲ 图 6-71

3. 右弓步戳担

双手使扁担前端略抬起后向左用力横格。（图 6-72）

向右略转身成右弓步，双手用力使扁担向前戳击。（图 6-73）

▲ 图 6-72 　　　　　　▲ 图 6-73

4. 左弓步扫担

左脚进步，右脚跟进成双弓步，随后双手使扁担前端略抬起后向右用力横格。（图 6-74）

向左略转身成左弓步，随后双手用力使扁担向左横扫。（图 6 75）

▲ 图 6-74 　　　　　　▲ 图 6-75

5. 右弓步拦担

右脚上步，身体略右转成双弓步，随后双手向右使扁担竖立于身体右侧成拦担势。（图6-76）

▲ 图6-76

6. 左弓步扫担

重心左移，身体略左转成左弓步；同时，双手使扁担下部向上、向左扫击，高与肩平。（图6-77）

▲ 图6-77

7. 马步扫担

左脚上步向右转身成马步；同时，左手后拉，右手前滑，随后右手后拉，左手后滑，使扁担后部向左、向前扫击。（图6-78）

▲ 图6-78

8. 左弓步劈担

右手后拉,左手前滑,随后左脚向左后撤一步成左弓步;同时,左手后拉,右手后滑,使扁担后部向上、向左、向下劈击。(图6-79)

▲ 图6-79

9. 右弓步拦担

身体右转成右弓步;同时,双手用力使扁担竖立在身体右侧。(图6-80)

▲ 图6-80

10. 右弓步劈担

右手上拉,左手下滑,随后右脚向前上步,向左转身成右弓步;同时,左手后拉,右手后滑,双手用力使扁担向前、向下劈击。(图6-81)

▲ 图6-81

11. 右弓步戳担

双手向后收回，随后右脚进步，左脚跟进；同时，双手用力使扁担向前戳击。（图 6-82）

▲ 图 6-82

12. 左弓步戳担

右手后拉，左手前滑，随后向左转身，重心前移成左弓步；同时，右手前推，左手后滑，使扁担向前戳击。（图 6-83）

▲ 图 6-83

13. 收势

向右转身，收左脚成开立步；同时，右手滑至扁担中部，使扁担竖立于身体右侧，左手作揖于胸前。（图 6-84）

收左脚成立正姿势；同时，左手自然垂于体侧。（图 6-85）

▲ 图 6-84 　　　　▲ 图 6-85

（三）棍法

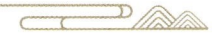

1. 起势

立正姿势，右手持棍中部竖立于体侧，左手自然垂于体侧。（图6-86）

左脚上半步成右虚步；同时，右手握棍提起斜握，左手前伸立掌于胸前。（图6-87）

右脚上步成开立步，右手握棍竖立于体侧，左手垂放体侧。（图6-88）

▲ 图6-86

▲ 图6-87 　　　▲ 图6-88

2. 马步右劈棍

右手持棍上提，左手握棍，虎口朝上，随后右脚上步成马步；同时，双手使棍向前、向下劈打。（图6-89）

▲ 图6-89

3. 马步左扫棍

左手后拉，右手前滑，随后左脚上步成马步；同时，右手后拉，左手边后滑边向右推，使棍向右水平横扫。（图6-90）

▲ 图6-90

4. 马步右劈棍

右手后拉，左手后滑，随后右脚上步成马步；同时，左手后拉，右手边后滑边向前下推压，使棍向前、向下劈打。（图6-91）

▲ 图6-91

5. 右弓步戳棍

双手略收回，随后重心前移成右弓步；同时，双手用力使棍向前戳击，高与胸平。（图 6-92）

▲ 图 6-92

6. 马步左戳棍

左手后拉，右手前滑，随后重心略后移成马步；同时，左转身，右手前推，左手后滑，使棍向左戳出。（图 6-93）

▲ 图 6-93

7. 右弓步劈棍

右脚上步，向右转身成右弓步；同时，右手下拉，左手下压，使棍向上、向右、向前、向下劈击。（图 6-94）

▲ 图 6-94

8. 左弓步劈棍

右手后拉，左手前滑，随后向左转身成左弓步；同时，左手下拉，右手边后滑边向前推下压，使棍向右、向上、向前、向下劈击。（图6-95）

▲ 图6-95

9. 右弓步扫棍

右脚向右上步，向右转身成右弓步；同时，双手使棍向右平扫。（图6-96）

▲ 图6-96

10. 左弓步扫棍

向左转身成左弓步；同时，双手使棍向左平扫。（图6-97）

▲ 图6-97

11. 左弓步扫棍

左脚后撤，向左转身成左弓步；同时，双手使棍向左平扫。（图6-98）

▲ 图6-98

12. 右弓步低扫

左手后拉，右手前滑，随后身体右转，右手后拉，左手边后滑边向前下推，使棍向前下扫打。（图6-99）

▲ 图6-99

13. 左弓步扫棍

右手右拉，左手左滑，随后向左转身成左弓步；同时，左手后拉，右手边后滑边向左推，使棍向左平扫。（图6-100）

▲ 图6-100

14. 右弓步转身扫棍

向右转身成右弓步；同时，双手举棍至头顶上方，使棍头顺时针盘旋360°后左手置于右腋下，随后使棍继续向右平扫。

（图 6-101）

▲ 图6-101

15. 左弓步挑棍

左手下拉，右手上滑，随后左脚上步，向左转身成左弓步；同时，右手下压，左手边后滑边向上推，使棍向上挑击。

（图 6-102）

▲ 图6-102

16. 右弓步上挑

右手后拉，左手前滑，随后右脚上步，向左转身成右弓步；同时，左手下压，右手边后滑边向上推，使棍向上挑击。

（图 6-103）

▲ 图6-103

17. 横裆步架棍

重心左移成横裆步；同时，左手上举，右手下压，使棍斜举于头顶上方成架棍势。（图 6-104）

▲ 图 6-104

18. 马步扫棍

重心略前移，向左转身成马步；同时，左手向下、向后拉，右手向左推，使棍向左平扫。
（图 6-105）

▲ 图 6-105

19. 左弓步戳棍

左手后拉，右手前滑，随后左脚后撤一步，向左转身成左弓步；同时，右手前推，左手后滑，双手使棍向左戳出。
（图 6-106）

▲ 图 6-106

20. 马步劈棍

右手后拉,左手前滑,随后右脚上步,向左转身成马步;同时,左手下拉,右手边后滑边上举、前推、下压,双手使棍向前、向下劈打。
(图6-107)

▲ 图6-107

21. 右弓步戳棍

双手略回收,随后重心前移成右弓步;同时,双手用力使棍向前戳击。
(图6-108)

▲ 图6-108

22. 左弓步戳棍

左手后拉,右手前滑,随后重心左移,向左转身成左弓步;同时,右手前推,左手后滑,使棍向左戳出。(图6-109)

▲ 图6-109

23. 左弓步劈棍

步型不变，右手后拉，左手前滑，随后左手回收至右腋下，右手边前滑边向上、向前、向下用力，使棍向前、向下劈击。（图6-110）

▲ 图6-110

24. 马步劈棍

右脚上步，向左转身成马步；同时，双手使棍头向下、向后、向上、向前、向下环绕一周后劈下。（图6-111）

▲ 图6-111

25. 左右拨棍

步型不变，双手使棍向左下拨出。（图6-112）

双手再使棍向右下拨出。（图6-113）

▲ 图6-112 ▲ 图6-113

26. 歇步戳棍

左手后拉，右手前滑，随后右脚进步下蹲成歇步；同时，右手前推，左手后滑，使棍向前上方戳出。（图6-114）

▲ 图6-114

27. 左弓步劈棍

右手后拉，左手前滑，随后起身，左脚上步成左弓步；同时，左手后拉，右手边后滑边向上、向前、向下用力使棍下劈。
（图6-115）

▲ 图6-115

28. 右弓步劈棍

右脚上步，向左转身成右弓步；同时，双手使棍头向下、向后、向上、向前再向下环绕一周后劈打。（图6-116）

▲ 图6-116

29. 左弓步劈棍

重心后移,向左转身成左弓步;同时,双手使棍头向上、向前、向下劈打。(图6-117)

▲ 图6-117

30. 收势

重心后移成左虚步;同时,双手使棍头向下、向后、向上再向下斜握于体侧,左掌立于胸前。(图6-118)

右脚上步成开立步,右手持棍立于体侧,左掌立于胸前。(图6-119)

左脚回收成立正姿势,左手自然垂于体侧。(图6-120)

▲ 图6-118

▲ 图6-119

▲ 图6-120

后 记

莆阳大地，人杰地灵，自"开莆来学"以来，莆田社会民众受到了以儒家为代表的中原文化的教化，但仍属于蛮夷之地，和中原文化有着一定的时间差序。历史上几次南迁，中原文化夹杂着军旅文化的"武"文化一并传入莆阳。先民们不但文教科举成风，习武的风气也异常浓厚，并和本土人的体质习俗相结合，在当地顽强地生根发芽。

值得一提的是，清中期以来，南少林这一民间组织，演绎和发展出具有广泛群众基础的"南少林武术"文化，致使莆田民间武术得以空前发展。"文革"期间，传统武术受到不同程度的打击，一些传统武术技艺和拳谱遗失殆尽。但传统的荣耀仍驱使民众前仆后继，习武逐渐转入到地下，习武者在民间仍享有较高的社会地位。改革开放后，特别是电影《少林寺》的播映，习武热潮席卷全国大地，民间武风空前旺盛，传统武术得到了空前的发展。

近20年来，由于西方文化的入侵，使代表着东方文化的传统武术受到巨大的挑战。传统武术成为老一代人的情结，新一代的年轻人对其的认同程度严重下降，许多优秀的传统武术面临着生存危机。

课题组在调查过程中，明显能感觉到传统武术的传承面临着断代的尴尬局面。武术在民间逐渐失去了群众基础，竞技武术和传统武术明显出现了断层。尽管政府有关部门试图通过各种活动来推动传统武术的发展，但仍无法挽救传统武术的颓势。每次表演活动，传统武术的习练者均为一些"爷爷级"的老人，难得有年轻人的身影。传统武术，是不是已经成为一种记忆了？

调查过程中发现，一些过去有着一定名望的老拳师，有的仍固执地坚持着传统的观念，不是本门派的弟子不肯以技艺示人；有的甚至带点迷信色彩，坚信着不切实际的传说，这给调查工作带来了不小的难度。本课题组调查历时两年多时间，历程艰辛，但仍能在各位热心传统武术前辈的大力支持下不违所愿，把最为原汁原味的南少林传统武术用音影、文字的形式记录下来，并把这次传统武术套路回传莆田南少林寺，完成了一件功德事。

值得一提的是，本书在调查过程中得到了食鹤拳老拳师庄良海师傅的大力支持，他不辞辛劳，多次反复进行影像拍摄，并不计报酬上山教拳，把平生所学毫无保留地回传莆田南少林僧众。摄影师郭德锋师傅，为书稿摄影、摄像及后期的动作运动线路标注，工作量巨大，花费了大量的精力和多少个不眠之夜，创造性地完成了既定的任务。

初稿有许多不尽人意的地方，但恐怀璧其罪，仍不揣浅陋，以飨读者，期望得到广大读者们指正！